Formen Lesen –
Ein Plädoyer für bewusste Gestaltung

Inhalt

7   Einführung

10   Lesen und Bedeutung
18   Lesen und Typografie
28   Schaffen und Gestalten
      Bewusstsein
      Verantwortung
38   Gestaltung
      Schwarzraum
      Weißraum
      Rhythmus
48   Die Aufgaben der Typografie

51   Schwarz auf weiß – Ein Nachwort

Einführung

Die Typografie nimmt – neben der Musik, der Architektur, der Literatur, dem Schauspiel, dem Tanz und vielen weiteren kulturellen Bereichen – nur einen kleinen Teil des Gesamtbilds der menschlichen Kommunikation und Interaktion ein. Sie ist jedoch durch ihren direkten Bezug zur Sprache, durch ihre Komplexität und Allgegenwärtigkeit, in ihrem Einfluss auf unsere Gesellschaft, deren Bewusstsein und deren Entwicklung ein interessanter und bedeutender Bestandteil des gesellschaftlichen Lebens. Typografie ist eine ausschließlich kulturelle Erscheinung. Vom Menschen erfunden und verfeinert, den Gegebenheiten angepasst und sich in ständiger Weiterentwicklung befindend, bedient er sich ihrer, um Information unabhängig von Raum und Zeit zu kommunizieren. Typografie bildet und wird gebildet, wir formen sie und sie informiert uns.

Obwohl vom Menschen geschaffen, beruht die Typografie nicht ausschließlich auf erlerntem, abstraktem Wissen, sondern erlangt ihren Einfluss und Stärke unter anderem durch uns angeborene und im Laufe des Lebens weiterentwickelte Wahrnehmungs- und Lesefähigkeiten. Der Sinn des hier vorliegenden Textes ist es, sich dieser Fähigkeiten zu erinnern, sie wieder ins Bewusstsein zu rufen und sich ihrer während des aktiven Gestaltungsvorgangs zu bedienen.

Die folgenden Paragraphen sind für den angehenden visuellen und typografischen Gestalter* geschrieben, und viele angesprochene Situationen werden ihm, zumindest im Ansatz, bekannt vorkommen. Die meisten dieser Gedanken könnten auch für anderweitig engagierte Gestalter von Interesse sein, denn die hier vorgebrachten Ideen und Thesen sind auch in anderen Gebieten sicht- und anwendbar, basieren sie doch alle auf archetypischen Prinzipien.

Die zwar wenigen, aber meiner Meinung nach fundamentalen Fragen, die hier aufgeworfen werden, tauchen nahezu automatisch während des Prozesses der Gestaltung auf, sind

---

* Die maskuline Form *Gestalter* bezieht sich auch auf Gestalterinnen, es wird jedoch hier und in weiterer Folge aus sprachökonomischen Gründen auf die Nennung beider Formen verzichtet.

also Teil der täglichen Auseinandersetzung des Gestalters. Dieser behandelt und navigiert durch manche der nachstehenden Themen – wie dem des Lesens und der Bedeutung, der Deutung von Bild und Form, von Text, der typografischen Lesbarkeit, der Anordnung von Elementen und ihrer formalen Zusammenhänge –, um Lösungen für die sich ihm stellenden Probleme zu finden und seine Umwelt weiterzuentwickeln. Dieses Vorgehen ist für mich die erste Ebene des Gestaltens. Wichtig ist allerdings, sich dieser Rahmenbedingungen bewusst zu werden beziehungsweise sie sich bewusst zu machen, denn das unreflektierte Arbeiten gleicht einer vertanen Möglichkeit, sich selbst und seine Umwelt besser kennenzulernen. Sich diesen Themen zu stellen, ihnen die erforderliche zusätzliche Aufmerksamkeit zu widmen und sich anhand der gestalterischen Projekte selbst weiterzubilden, ist eine zweite Ebene; eine Ebene, die sich nur selten von selbst offenbart, sondern eine, die man eben aktiv suchen muss. Für diese zweite Ebene plädieren die weiteren Zeilen.

Über Gestaltung zu lesen oder zu schreiben, sich Zeit zu nehmen für Reflexion, ist ein möglicher Weg, dieser besagten Ebene näherzukommen. Ein anderer ist, die eigenen Ansichten mit kritischen Gleichgesinnten zu besprechen und so seine eigenen Meinungen zu bilden und weiterzuentwickeln. Sich schließlich den Fragen von Mitsuchenden und Studenten zu stellen, und bereit zu sein, mit ihnen auch auf unsicherem Gebiet eine Reise zu bestreiten, ist eine weitere Möglichkeit.

In diesem Sinne will ich dieses Buch all meinen Wegbegleitern widmen, die gewillt waren, sich mit mir den Kopf zu zerbrechen und den oft angeregten Austausch nicht scheuten – oft ohne die Aussicht auf weltbewegende Einsichten, gelegentlich jedoch auf neue Ansichten.

Lesen und Bedeutung

Eine der herausragendsten Eigenschaften des Menschen und der wahrscheinlich größte Unterschied zwischen ihm und dem Tier ist seine ausgeprägte Möglichkeit der Kommunikation. Der Austausch von Information, ob real oder hypothetisch, ob mit mir selber oder mit einem Gegenüber, erlaubt es, Distanz zwischen unserem Sein und unseren Gedanken zu schaffen, und ermöglicht uns so neue Wege der Bewusstseinserweiterung. Es gibt keine Kommunikation ohne Bedeutung (denn auch eine bedeutungslose Kommunikation wird gedeutet). Als reziproker Prozess beginnt Kommunikation jedoch erst mit dem Lesen von Bedeutungen und nicht mit dem Senden von Information. Nur wenn etwas Bedeutung hat, kann ich diese auch sehen, sie verstehen und folglich meine eigene Nachricht gestalten. Dementsprechend erscheint es mir sinnvoll, sich zuerst mit dem Leseprozess zu beschäftigen und erst dann mit dem Gestalten.

Die intellektuelle Fähigkeit, in Dingen Bedeutung zu erkennen beziehungsweise diesen Bedeutung zuzuweisen, stellt die Grundvoraussetzung der Semiotik, der Bedeutungslehre im Gesamten und demnach auch der Semantik, der sprachlichen Bedeutungslehre, dar. Ohne diese Fähigkeit gäbe es keine Bedeutung, keinen Inhalt einer Nachricht und keinen Sinn, sondern bloß formale Zusammenhänge, leere Konstruktionen, welche weder gezielte noch zufällige Relevanz in sich tragen.* Bedeutung entsteht während des Prozesses des Lesens, im Speziellen der Prozesse des Lesens und des Deutens. Hierzu will ich zwei oft voreilig gezogene Schlussfolgerungen, hinterfragen welche folgenreiche Missverständnisse nach sich ziehen. Die erste Schlussfolgerung bezieht sich auf die Beziehung zwischen dem Leser und dem Wort.

Im allgemeinen Sprachgebrauch stellt man der Aktivität »lesen« das geschriebene Wort als Voraussetzung bei, und damit ist der Sprung zur Typografie, als Lehre des gedruckten Wortes, kein weiter. Dies ist jedoch ein voreiliger Schluss, da sich im

---

* Mit Relevanz beziehe ich mich auf den tatsächlichen Nutzen einer Nachricht für seinen Empfänger.

Lesen mehr verbirgt als nur das Lesen von Buchstaben. Das Englische »to read« mit seinen vielen Abwandlungen wie zum Beispiel »reading« oder »reader« beschreibt gerade diesen Prozess, der auch bei anderen als bloß der geschriebenen Nachricht angewandt wird. (Und auch der Begriff »literacy« bezieht sich auf Medien im Allgemeinen.) Genauso wie Texte und andere schriftliche Mitteilungen, können auch Kunstwerke, Ereignisse und Entwicklungen *gelesen* werden. Diese erweiterte Definition des Lesens ist nicht allein dem Englischen eigen, auch im Deutschen spricht man zum Beispiel vom Spuren- oder Fährtenlesen, was ebenfalls Tätigkeiten beschreibt, die nicht mit dem geschriebenen Wort in Verbindung stehen.

Was genau aber bedeutet es, zu lesen, zu deuten oder auch zu interpretieren? Welche Prozesse setzen wir in Bewegung, welche werden automatisch abgerufen, was geht in uns vor?

Lesen im engeren Sinn bezeichnet den Vorgang der Aufnahme von Information durch einen oder mehrere unserer fünf Sinne. Lesen im weiteren Sinn aber umfasst zusätzlich den Prozess des Interpretierens, den ich als einen aktiven Vorgang unserer menschlichen Natur beschreibe. Im Prozess des Interpretierens wandelt der Leser das von ihm Aufgenommene in für sich, seine Umwelt und seine weiteren Entscheidungen relevante Informationen um. Es entsteht somit ein Zwischenschritt, zwischen dem Dargestellten und der Bedeutung. Beide Prozesse, das Lesen und das Deuten, geschehen zwar nicht immer bewusst, sind jedoch permanent aktiv und verantwortlich für einen Großteil unseres Handelns.

Diese erste Schlussfolgerung stellt auch gleich die zweite vorschnelle Assoziation in Frage, denn es herrscht die Ansicht, dass Lesen erlernt wird – meist im Zuge einer schulischen Ausbildung. Lesen und Deuten sind jedoch keine ausschließlich erlernten Fähigkeiten, sondern stellen einen Teil unseres natürlichen Erbguts dar. Schon vor der Geburt werden wir von der Natur genetisch mit Lesefähigkeit und Grundreaktionsmustern ausgerüstet, die im Laufe der Evolution etabliert wurden. Wir wissen, wie gewisse Situationen zu deuten sind und haben gewisse Entscheidungen verinnerlicht. Zwar sind, unsere genetischen Voraussetzungen durch unsere zweigeschlechtliche

Vermehrung individuell entwickelt und unterschiedlich angepasst, doch in vielen Bereichen sind diese durchaus archetypischer Natur. Wir *kennen* gewisse Bedeutungen, wie zum Beispiel der überlebensorientierte Schutzmechanismus des Kleinkinds, welches den Atem anhält, wenn es ins Wasser fällt, oder unser steuerbares und damit selektives Hören. Obwohl diese Muster im Groben als Reflexe bezeichnet werden, sind auch sie ursprünglich bewusst erprobte, dann erlernte und in weiterer Folge angeeignete Reaktionsmuster auf äußere Einflüsse. Auf diesen evolutionsbedingt pränatal existierenden Grundmustern des Lesens aufbauend, schaffen wir durch neue Erfahrungen ein uns eigenes Weltbild, mit dem wir uns ein Leben lang bewusst und unbewusst auf- und ausbauend beschäftigen. Wir lernen aus erlebten und hypothetisch erzeugten Situationen. Das hieraus gefilterte *Bedeutende*, also Erlebtes und Gelerntes, dringt – mit unterschiedlicher Geschwindigkeit – von einer bewussten Existenz in eine unbewusste vor und bildet dort einen Teil der *Intuition*, einem ebenfalls unterbewussten Reaktionsmuster, ohne offensichtlichen Einfluss des Verstands. Intuition ist deshalb auch kein Phänomen, das auf organischen Zusammenhängen beruht – oft wird sie ja auch als »Bauchgefühl« beschrieben –, sondern auf eben diesen *verinnerlichten* Erfahrungswerten. Sie bildet einen Teil unseres Beurteilungsvermögens und wird in der Gestaltung häufiger als vorausgesetzt betrachtet. Man spürt, dass etwas stimmt, in die richtige Richtung geht – oder eben auch nicht.

Der Mensch ist sich seiner Umwelt in vielerlei Hinsicht unbewusst gewahr. Wir lesen und interpretieren, sehen und schätzen ab und entscheiden schließlich. Aber wie schon zuvor angesprochen, verstehe ich Lesen und Interpretieren nicht nur als passive Vorgänge, sondern als aktive, teils intellektuelle Leistung des menschlichen Gehirns. Der Mensch sucht nach Sinn und verspürt den Drang, Situationen und Dingen selbst Bedeutung zuzuweisen, anstatt passiv, solche bloß abzulesen.

In der wissenschaftlichen Forschung und in der Kunst ist dieses Verlangen nach Bedeutung offensichtlich. Auch wenn es oft übersehen wird, stehen sich Wissenschaft und Kunst in ihren Grundzügen nahe, denn beide verfolgen das Erschaffen

von neuen Weltbildern. Man gibt sich nicht zufrieden mit
dem Ist-Zustand, sondern forscht, untermauert und hinterfragt.
Es werden neue Ansichten in Form von Theorien und Argu-
mentationen in Form von Experimenten entwickelt, welche in
ihrer Konsequenz unser gesellschaftliches Gesamtbewusstsein
verändern. Jedoch manifestiert sich der Drang zur Bedeutungs-
findung nicht nur in beruflichen Extrempositionen, sondern
auch in psychologisch breiter verankerten Phänomenen wie
Religion und Aberglaube, unserem Bezug zu Geld und dem psychologisch wichtigen »Erfolgserlebnis«. Wir sind anfällig
und bereit, Dingen Bedeutung zuzuweisen, wenn sie *per se* keine
haben. Wir suchen Bedeutung in Träumen und erlauben Sta-
tistiken, diese durch eine Vielzahl individueller Interpretationen
empirisch zu begründen. Wir beobachten das heutige Wetter
und schließen auf das von morgen. Diese und viele weitere
Beispiele lassen auf eine *Interpretationslust* schließen, auf einen
innerlichen Drang, Relevanz zu sehen und wenn nötig diese
auch zu erzeugen.

Diese Interpretationslust ist die Voraussetzung für einen
Vorgang, den ich *relatives Lesen* nennen will. Ein Vorgang, der
als Erweiterung zum *absoluten Lesen* gesehen werden könnte,
denn der Mensch liest nicht absolute Werte in Form von isolier-
ten Fakten oder anderen abgeschlossenen Gegebenheiten,
sondern interpretiert sie in ihrem Zusammenhang, verarbeitet
sie relativ zu seinem eigenen, aber auch zu ihrem Kontext.

Im typografischen Zusammenhang, also beim Lesen von
Text, sieht der Leser Beziehungen von Formen, Buchstaben
und Wörtern und demnach auch Bedeutungen, die sich aus den
ihm gezeigten Formen ergeben, und nicht nur aus dem sprachlich definierten Inhalt. Obwohl dieses Phänomen auch beim
buchstäblichen Lesen geschieht, findet es seinen Ursprung im
Lesen von natürlichen Gegebenheiten. Ein Hering ist nur so
lange klein, wie ich ihn in einen menschlichen Zusammenhang
stelle, für Plankton ist er jedoch ein Monster. In einem abstrak-
teren Beispiel des relativen, also kontextuellen Lesens wird
eine kleine schwarze Fläche auf einer größeren weißen nicht nur
durch ihre Größe, sondern auch durch ihre Positionierung verschiedenste Bedeutungen annehmen.[Abb.1] Sie kann angenehm

Abbildung 1

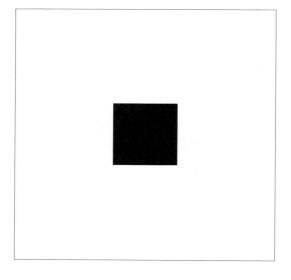

im Zentrum liegen, oder aber Beziehungen zu den Rändern
und der übrigen Fläche aufbauen. Durch ihre relative Größe
zum Umfeld kann die schwarze Fläche auch bedrückende
Stimmungen erzeugen oder aber einen Rahmen bilden.[Abb.2]
Der gleiche Vorgang mit umgekehrter Farbkombination erzeugt
hingegen andere (allerdings nicht gegensätzliche) Interpretationen, und je nachdem, ob wir mit der schwarzen oder der
weißen Fläche sympathisieren, fallen diese anders aus.

Ein Symptom des *relativen Lesens* stellen ebenfalls gewisse
optische Illusionen dar. So interpretieren wir zum Beispiel
zwei Kreise von gleicher Größe je nach ihrer Umgebung unterschiedlich.[Abb.3]

Die Folge dieser Beobachtungen für den Gestalter ist,
dass er sich nicht der absoluten Charakteristika seiner
verwendeten Elemente bewusst sein muss, sondern viel mehr
der relativen, der Umgebung, der Zwischenräume, Verbin-
dungen und Abstände.

Ein Vergleich zur Musik, indem ich visuelle Elemente mit
den Klängen von Instrumenten gleichsetze, verdeutlicht
die allgemeinere Gültigkeit dieser Schlussfolgerung. Absolutes
Lesen von Musik würde bedeuten, dass jeder einzelne Ton
eines Instruments für sich alleine in einer gewissen Lautstärke
wahrgenommen wird. In der grafischen Gestaltung würde
dies einer unpositionierten, aber schon definierten schwarzen
Fläche entsprechen. Relatives Lesen jedoch »hört« den Ton
in Abfolge mit anderen Tönen, in unterschiedlicher Lautstärke
und in Kombination mit anderen Instrumenten. Ebenso sieht
relatives Lesen die Fläche auf einem Untergrund positioniert,
das Auge baut zu anderen grafischen Elementen Beziehungen
auf und liest also Buchstaben, als gewisse Form oder Glyphe,
in Kombination mit anderen und nimmt solche letztendlich als
sprachliche und formale Sinnträger – als Wort – wahr.

Um bei diesem Vergleich zu bleiben und die Komplexität
eines grafischen Werkes zu erklären, darf ich es gedanklich
neben eine klassisch-musikalische Komposition positionieren.
Gleich wie der Komponist, der in seiner Oper alle Instrumente
dazu verwendet, um dem Sopran den richtigen Ausdruck zu
ermöglichen, weist auch der visuelle Gestalter den Elementen

Abbildung 2

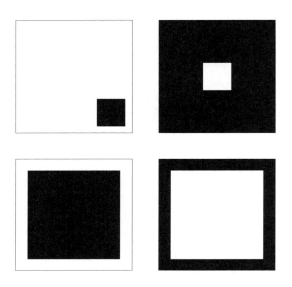

Abbildung 3

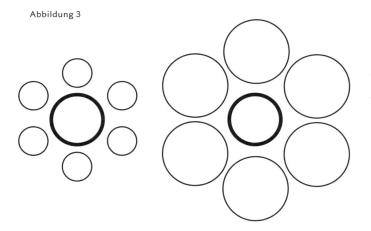

seines Werkes verschiedene Rollen zu, welche gesamthaft das
Ziel verfolgen, die Information in einer ganz bestimmten Art
und angemessenen Weise zu kommunizieren. Hat der Gestalter
oder Musiker es geschafft, eine gesamtheitlich harmonische
visuelle Nachricht zu erzeugen, dann sind einzelne Veränderungen in dieser Konstellation demnach nicht als harmlose Ein-
griffe zu verstehen, sondern als folgenträchtige Modifikationen
einer komplexen Wechselbeziehung, welche die Information
darstellt und ihre Bedeutung vermittelt.

Lesen und Typografie

Wir sehen unsere Welt in Form von Bildern. Diese Bilder
dringen als Konzepte in unseren Kopf, und diese sind eine
Mixtur aus dem Sichtbaren und dem, was wir damit assoziieren.
Auch in der Typografie sprechen wir von Bildern, von »Wort-
bildern«, also Bildern aus Buchstaben. Diese kommunizieren
sowohl gedankliche als auch formale Aspekte, welche in
Kombination als gesamtheitliche Bedeutung, als Nachricht,
wahrgenommen werden. Der Unterschied der Typografie zum
Bild ist der Grad der Abstraktion, mit welcher eine gewisse
Situation oder gewisser Inhalt kommuniziert wird. Diese Abstraktion ist nicht nur Leerraum, nicht bedeutungslos, sondern
wird vom Betrachter mit oft hypothetischen Konzepten
gefüllt. In der Welt der Kommunikationsmittel ist die Typografie
sicherlich im abstraktesten Gebiet anzusiedeln. Der Film
versucht oftmals, die Wirklichkeit abzubilden (ich nehme hier
auf die typischen Hollywoodfilme Bezug), er lässt wenige
Fragen offen, erzeugt also in den meisten Fällen nur geringe
Distanz, wenig Platz für eigene Gedanken des Betrachters. Die
Fotografie distanziert sich durch die Momentaufnahme
schon weiter von der Wirklichkeit. Die Schwarzweißfotografie
entbehrt weiterer visueller Variablen, wird noch abstrakter.
Die Typografie – von der Beschaffenheit der Buchstaben abge-
sehen – entledigt sich letztendlich aller illustrativen Eigenschaften, schafft also noch mehr Platz, den zu füllen der Leser
eingeladen wird. Typografie lehrt den Leser, für sich selbst
zu denken, sich sein sprichwörtliches »eigenes Bild« zu machen.
Als solches ist sie ein hilfreiches Mittel des kritischen Denkens.
 Eine komprimierte historische Abhandlung sieht den
Ursprung des Alphabets in den ideo- und logografischen Sys-
temen des mittleren Ostens, welche wiederum auf den ikono-
grafischen Schreibsystemen der Keilschrift beruhen. Durch verschiedenste anthropologische, geografische und soziologische
Entwicklungen, auf die hier einzugehen kein Platz ist, entstand
das uns heute geläufige Alphabet. Das lateinische, kyrillische
und griechische Alphabet sind zwar in ihrer Natur und ihren
Wurzeln eng miteinander verwandt, anderswo existieren jedoch

Alphabete, die eine andere Entwicklung aufweisen, zum Beispiel das koreanische oder armenische Alphabet.

Alphabete sind der Konvention unterworfene Schreibweisen, die Laute in visuelle Einheiten übersetzen. Diese Einheiten bezeichnet man im Allgemeinen als Buchstaben. Neben solchen Buchstaben umfassen Alphabete allerdings auch Pausen, oft gekennzeichnet durch Satzzeichen, sowie ikono- und ideografische Konzepte wie zum Beispiel Ziffern oder das Kaufmanns-Und. Im Speziellen wird jedoch zwischen dem Buchstaben, dem visuellen Konzept des Lautes und der Glyphe, dem spezifisch visuellen Zeichen, unterschieden.[Abb.4] Jede der hier abgebildeten Glyphen bezeichnet denselben Laut, obwohl sie ihn visuell anders (re)präsentiert. Die Unabhängigeit der Form vom auszudrückenden Buchstaben führt uns die gestalterisch zu treffende Entscheidung vor Augen. Erst durch die Form gewinnt der Buchstabe, das Wort, der Satz und der Text seinen Ausdruck und wird zur Nachricht, zum Bedeutungsträger.

Jeder Buchstabe steht also theoretisch für einen Laut. Obwohl dies die allgemein akzeptierte Grundlage eines Alphabets darstellt, ist es damit nicht getan, denn es findet nicht jeder Buchstabe auch seinen Ausdruck in einem spezifischen Laut der gesprochenen Sprache – und umgekehrt findet nicht jeder Laut einen spezifischen Buchstaben. Buchstaben alleine und in Kombination ergeben unterschiedliche Laute, die man auch Grapheme nennt.

Der Typograf beschäftigt sich zwar auch mit den kleinsten Einheiten der Schrift, allerdings stellt erst die Form des Wortes den eigentlichen Ausgangspunkt von sprachlich sinnhafter Kommunikation dar. Nur dem Wort ist es möglich, Träger von Sinn zu sein, sei es als *Einstabenwort*, wie dem Englischen unbestimmten Artikel »a«, oder jedoch häufiger in Kombination mit anderen Lauten oder Lettern. Nur dem Wort ist die Fähigkeit zu eigen, linguistische Information beziehungsweise syntaktische Bedeutung zu transportieren. Das isolierte Konzept des Lautes, des Buchstabens oder der Glyphe ist an sich sinnlos.*

---

*   Der Buchstabe in seiner Gestalt als Glyphe, als abstrahiertes Zeichen eines Lautes, erlangt in künstlerisch und ästhetisch orientierten Theorien natürlich ebenfalls Bedeutung, jedoch nicht als Wort.

Abbildung 4

Während der Aufnahme von Text beschäftigt sich das menschliche Gehirn mit einer Vielzahl von Bestandteilen, die einzeln und in Kombination laut vorgetragen oder stumm gelesen werden und so Informationsträger sind. Dies sind die Glyphe, das Phonem, das Graphem, das Morphem und letztendlich – und als kleinste sinnvolle Einheit – das Wort. Wie schon erwähnt, sind die Beziehungen zwischen Buchstabe und Laut nicht immer gradlinig. In dieser Komplexität liegt viel Wissenswertes für denjenigen, der sich mit Aufbau, Lesbarkeit und Bild der Sprache beschäftigt. Die Komplexität wird uns schnell bewusst, wenn wir verschiedene alltägliche Beispiele betrachten. Zum Beispiel der Buchstabe »v«. Im Wort »Vater« entspricht dem »v« das Phonem »f«, im Wort »Universität« betonen wir es allerdings als »w«. Das »c« wie in »Cäsium« kann auch ein »k« wie in »Constantin« darstellen. In Kombination mit dem »h« erfährt dasselbe »c« eine weitere phonetische Veränderung weg von seinem ursprünglichem Laut, so wie auch der Kombination als »ch«-Graphem, wiederum je nach Kontext, eine Morphose widerfährt, zum Beispiel in den Worten »Christus«, mit »kr«, oder »Nacht«, oder auch als Gespann mit dem »s«, wie zum Beispiel in »Schuh«. (Im Subtileren kann man sogar einen Unterschied zwischen dem »ch« in »Nacht« und in »nicht« feststellen.) Dieses Phänomen ist nicht nur dem Deutschen eigen. Das Englische beispielsweise erfährt eine Fülle dieser kombinatorischen Veränderungen. Ein offensichtliches Beispiel wäre das »t« in »tea« und seine Selbstaufgabe im Graphem »th«, wie in »theory« oder das »p« wie in »priest« oder etwa in »photo«.

Ein Buchstabe kann somit in variierendem Kontext mehrere Phoneme bezeichnen, also in seiner individuellen Form unterschiedliche Grapheme darstellen – aber eben auch in Kombination mit anderen Buchstaben zum Teil weiterer Grapheme werden. Gleichfalls existieren mehrere Grapheme für den gleichen Laut. Um gleich im Englischen zu bleiben, betrachten wir die Worte »read« und »need« beziehungsweise »pair« und »pear«. Alle vier Worte bestehen aus vier Buchstaben, aber aus nur drei Graphemen und Lauten. Trotz unterschiedlicher Schreibweisen bezeichnen die ersten und die zweiten zwei den gleichen Mittelklang. Um alle Buchstaben in Grapheme

und alle Grapheme in Laute und letztendlich in Bedeutung zu
übersetzen, geht das Gehirn jedes Wort Schritt für Schritt,
Glyphe für Glyphe, nach den Regeln der Übersetzung zwischen
Orthografie und Phonetik durch. Dies ist die erste Art zu
lesen, die phonetische oder auch nichtlexikalische Art, eine
beeindruckende Kombinationsleistung.

Die zuletzt genannten Worte erlauben es uns allerdings
auch, eine Brücke zur zweiten Art, dem lexikalischen Lesen, zu
schlagen. Denn nach streng phonetischen Regeln müssten ja
»read« und »pear« den gleichen Mittellaut bezeichnen, was allerdings nicht der Fall ist. Hier schlägt das Gehirn wie in einem
Lexikon das Wort nach. Sollte der lexikalische Vorgang das Wort
vor der nichtlexikalischen Lesart finden, wird dieses korrekt
betont und die englische »yacht« wird wie »iot« ausgesprochen
und nicht wie »iacht«. Das Abhängigkeitsverhältnis zwischen
dem Buchstaben und dem Laut gestaltet sich demnach kom-
plexer als oft angenommen wird.

Gemäß der Wissenschaft des Lesens stehen dem Menschen
also zwei Arten der Verarbeitung von Text zur Verfügung. Der
erste Weg führt über das lexikalische Lesen, der zweite über das
nichtlexikalische Lesen. Im ersten folgt es einem inneren Lexikon, schlägt also Worte nach. Im zweiten folgt das Gehirn den
Regeln der Orthografie: Es liest Buchstaben in ihrer Reihenfolge,
individualisiert, eliminiert und kombiniert diese in Grapheme,
die es dann als Laute erkennt.

Unsere Art zu lesen bezieht sich auf das Erkennen und die
Verarbeitung von einzelnen Worten. Allerdings geschieht dieser
Lesevorgang nicht immer in buchstäblicher Reihenfolge, da
der Mensch auf wiederum zwei Arten des Lesens zurückgreifen
kann. Ein dem Lesen beziehungsweise dem speziellen Wort
noch nicht vertrauter Mensch konstruiert eben dieses aus phonetischen Einzelteilen: Er buchstabiert. Der Geübte erkennt
jedoch Buchstabenmuster und liest einen Text als aneinander-
gereihte Konzepte – in manchen Fällen in Einheiten so groß wie
Satzteile oder »überfliegt« gar gesamte Seiten.

Dieses gesamtheitliche, kontextuelle, oder eben *relative*
Erkennen und Lesen von Dingen kann auch in Einklang mit
der menschlichen assoziativen Objektwahrnehmung gebracht

Abbildung 5

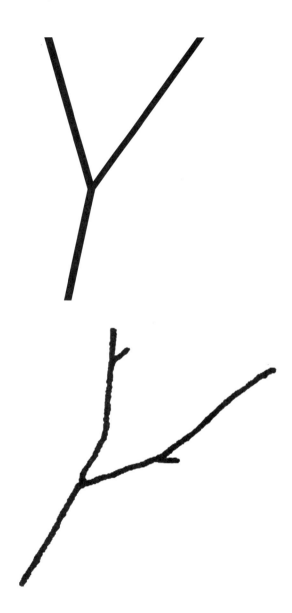

Abbildung 6

werden. Diese funktioniert nicht durch Einordnung zuvor kate-
gorisierter Objekte, sondern durch Identifikation von Einzelteilen, welche dann als Gesamtobjekt wahrgenommen werden.
Es ist wichtig zu verstehen, dass das Lesen von Buchstaben
den gleichen Kriterien wie das Lesen von Gesichtern, Objekten
und unserer Umgebung unterliegt. Es werden die gleichen
genetisch vorgegebenen natürlichen Prozesse angesprochen.
Die kulturellen Formverbindungen die eine Glyphe ausmachen
werden mit den selben Sinnen aufgenommen, mit den selben
Regionen unseres Gehirns verarbeitet und in gleicher Weise zu
Sinn gemacht, wie natürliche Objekte. Folgen wir dieser
These, dann spielt der Unterschied zwischen Kultur und Natur
beim Lesen keine allzugroße Rolle mehr. Wir kanalisieren
beides gleich.[Abb.5]

     Für den Gestalter ist interessant zu wissen, dass die Form-
und Objektserkennung auf den folgenden Kriterien basiert:
Zusammenhang, Nähe, Ähnlichkeit und »gemeinsames Schick-
sal« (gleiche Bewegung). Anstatt viele einzelne Konzepte in
unserem Hirn zu speichern nehmen wir die Gemeinsamkeiten
war und kategorisieren sie in nahezu unendlich vielen
Konstellationen. Wir erkennen das Konzept – in unserem Fall
den Hund – durch seine Einzelteile. [Abb.6] Die vier genannten
Kriterien, in Kombination mit den zwei zuvor angeführten Les-
arten des lexikalischen und nichtlexikalischen Lesens stellen
nicht nur die Basis für das Lesen unserer Umwelt, sondern
auch des typografischen Lesens dar. Gemeinsam bilden sie die
Voraussetzung für den Vorgang, den ich *Versinnbildlichung*
nennen möchte. Während des Lesens machen wir uns Bilder
vom Gelesenen, allerdings nicht in tatsächlichen Bildern, sondern in Konzepten, wobei wir sowohl unsere Erfahrungen in
Wort als auch in Bild zu Hilfe nehmen. Es kommt zu einer Inter-
pretation des Konzepts und Reduzierung auf das persönlich
Bedeutungsvolle; der Leser nimmt es für sich in Anspruch, er
ergreift Besitz und zieht sein angeborenes Wissen und individuell gemachte Erfahrungen als Interpretationsgrundlage zu
Rate. Nicht nur Inhalt, sondern ebenfalls die Gestalt, die
Materialität, die Platzierung, das Verhältnis zu anderen sichtbaren Formen sowie der visuelle und physische Kontext des

Wortes werden unbewusst und bewusst beurteilt. Eine Trennung von Form und Inhalt ist in der Typografie demnach nicht möglich. Der Wunsch danach scheint mir auch fragwürdig. Denn die eigentliche Gabe des Menschen ist die gesamtheitliche Betrachtung der Dinge. Dank ihrer wird unser Leben bereichert, wir werden sensibilisiert, und es wird weit mehr Information weitergegeben, als wenn wir uns auf die buchhalterische Kategorisierung der Einzelteile beschränken würden. Der Typograf wird in diesem Sinne zum Gestalter von (Wort-)Bildern, die in ihrer Gesamtheit gelesen und interpretiert werden können.[**]

[**]   Die Angaben zum lexikalischen und nichtlexikalischen lesen, sowie zu den Eigenschaften der Glyphen, Grapheme und Worten, können hier nachgelesen werden: Margaret J. Snowling, Charles Hulme (Hrsg.), *The Science of Reading: A Handbook* (Blackwell Handbooks of Developmental Psychology), Wiley-Blackwell; Stanislas Dehaene, *Lesen: Die größte Erfindung der Menschheit und was dabei in unseren Köpfen passiert*, Albrecht Knaus Verlag.

Schaffen und Gestalten

Auch wenn die Begriffe »schaffen« und »gestalten« im deutschen Sprachgebrauch oft austauschbar verwendet werden, kann man bei genauerer Betrachtung doch gewisse Unterschiede erkennen. Neben der Bedeutung des positiven Ausgangs einer anstrengenden Tätigkeit, »Ich hab's geschafft!«, bedeutet »schaffen« auch »erschaffen« oder »kreieren«. Wir schaffen eigentlich in nahezu allen Lebenslagen. Der Stamm des Wortes ist mit dem Wort »schöpfen« verwandt und bezeichnet unter anderem den Vorgang des aktiven originellen Erzeugens (siehe auch die *Schöpfung*). Wir alle schaffen natürlich tagtäglich noch nie Dagewesenes, aber um »schaffen« von »gestalten« zu unterscheiden, sollten wir die Begriffe genauer betrachten. Der Zahnarzt zum Beispiel der einen Patienten behandelt *schafft* sowohl durch die Behandlung selbst als auch durch sein Auftreten und die Arbeits- und Behandlungsumgebung eine »Erfahrung«, denn wahrnehmbare äußere Zeichen wie Materialität und Geräusche, Licht oder Körpersprache bilden Teile des Ganzen. In seinem Falle wirkt eine entspannte, helle, saubere und freundliche Umgebung möglicherweise ermutigender für den Patienten, der sich im Idealfall weniger verkrampft und sich dem Schmerz nun anders stellt. Der vom Tischler geschaffene breitbeinige Tisch, der aus solidem Holz gemacht zu sein scheint, deutet auf Stabilität hin und verspricht, schwere Lasten zu tragen; beim bevorstehenden Transport und möglichen Umzug allerdings wird er selbst eine ungeliebt schwere Last sein. Und letztlich *schafft* auch der Architekt nicht nur Schutz vor Regen, Wind und wilden Tieren sondern er *schafft* einen Raum und dadurch eine Situation, die für ihn – aber meistens für andere – eine Erfahrung mit einer Vielzahl von Deutungsmöglichkeiten bietet.

Allen drei Positionen stehen nun verschiedene Erfahrungswerte und Methoden zur Verfügung, ihr »Produkt« zu erschaffen, deren sie sich mehr oder weniger bewusst sein werden. Der Zahnarzt wird sich durch die Ökonomie der Dinge eher mit seiner Behandlungstechnik auseinander gesetzt haben als mit den haptischen und psychologischen Eindrücken seines

Praxismobiliars. Der Tischler wird sich beiden Aspekten, der
Verarbeitung und des Erscheinungsbilds des von ihm
geschaffenen Stücks schon deutlicher bewusst sein. Und dem
Architekten stehen ebenfalls Mittel zur Verfügung, um
sich die späteren Folgen seines Schaffens bewusst zu machen.
In den beiden letzteren Fällen, ist aufgrund des höheren
Wissens- und Bewusstseinsgrades während der »schaffenden«
Aktivität der Begriff des »gestaltens« möglicherweise
angemessener.

    Dem Schaffen steht ein bewussteres, umsichtigeres,
differenzierteres Gestalten zur Seite. Denn der Gestalter schafft
nicht nur, sondern selektiert auch. Er besitzt die Kontrolle
über das Gesamtwerk und verfügt über die nötige Einsicht und
Übersicht, um die Bedeutung seiner Arbeit abzuschätzen, sei
es als Tätigkeit oder deren Produkt. Er kennt die Variablen und
die Konsequenzen seiner Entscheidungen und handelt mit
kritischem Selbstbewusstsein, informiert durch sein umfang-
reiches Vorwissen.

Obwohl als Thema naheliegend findet das Wort »Bewusstsein«
im Diskurs über Gestaltung und auch während der Ausbildung zum Gestalter zu selten und nur oberflächliche Beachtung.
Die Auseinandersetzung damit birgt daher ein ungenutztes
Potenzial. Unsere desintegrierte Gesellschaft widerspiegelnd
wird schon in der Schule dem angehenden Gestalter eine Trennung von professioneller Tätigkeit und seiner Persönlichkeit
nahegelegt, was ihm letztlich viele Entwicklungsmöglichkeiten
vorenthält.

    Das Bewusstsein stellt den Bereich des menschlichen Seins
dar, der es uns erlaubt, Gedanken und Handlungen zu begründen. Wahrscheinlich kann es als Sammlung aufgenommener
(erfahrener, gelernter) Dinge gesehen werden, die wir abrufbar,
also *bewusst*, vielleicht sogar kategorisiert gespeichert haben.
Das Bewusstsein ist nicht als Antithese des Unterbewusstseins
zu verstehen, zu viele Momente gibt es, in denen beides zum
Zuge kommt. So ist es zum Beispiel möglich, sich unbewusste
Dinge bewusst zu machen. Während er ein Rennen bestreitet,
denkt der Autorennfahrer nicht an die biomechanischen

Vorgänge des Autofahrens, diese müssen unbewusst oder automatisch ablaufen, denn er hat sich auf das Rennen zu konzentrieren. Er könnte sie jedoch wieder ins Bewusstsein rufen, wenn
es nötig ist, da er nicht fährt, ohne zu wissen, was eigentlich
passiert, sondern er versteht den Prozess und die Konsequenzen.
Allerdings sind wir uns nicht jeglicher Folgen unseres Tuns
bewusst, sondern manchmal nur peripher oder auch gar nicht.
Es ist natürlich nicht schlimm, nicht *alles* zu wissen. Die ständige
Analyse und die damit einhergehende Bewusstseinsbildung
würden uns überhaupt nur an unserem Denken oder Handeln
hindern – und alles zu wissen, ist zudem schlicht unmöglich.
Aber es bleibt dabei, das Streben nach mehr Wissen und Erfahrung, welches zu bewussterem und wohl intensiverem Leben
führt, ist nicht nur angeboren, sondern ein integraler Bestandteil
der Evolution und des Lebens an sich.

Eine »gesunde Naivität«, die ungetrübte und unschuldige
Neugierde an einer Tätigkeit und ihren Folgen, ist trotzdem
sicherlich hilfreich, um Freude am Leben und am Gestalten zu
haben – und allemal der bessere Ausgangspunkt als projizierte
Arroganz durch möglicherweise absichtliche Ignoranz. Naivität
erlaubt Raum für Fragen und steht den Dingen mit Offenheit
gegenüber, während Arroganz Vergleichbares unterbindet.
Beschäftige ich mich allerdings bewusst mit einem Thema, wird
Naivität meine Weiterbildung meist behindern.

Gute Gestaltung passiert oft aus der Kombination von
einem grundsätzlichen inneren Drang zum Schaffen, aus kritischem und selbstkritischem Verständnis, reflektiertem Wissen,
Erfahrung und professioneller Produktion. Nur während des
Praktizierens erlernt der Gestalter fachspezifisches Wissen,
welches zu einer besseren, professionelleren Arbeitsweise und
so auch zu besseren Produkten führen kann. Er arbeitet intuitiv,
das Problem vor sich immer wieder neu einfassend und hinter-
fragend, und wird durch seine subjektive Entscheidungsfindung
Teil seines Werkes.

Es ist an dieser Stelle auch anzumerken, dass der Gestalter
sich immer anhand seines persönlichen Wertesystems orientiert.
Beliebigkeit in seinen Entscheidungen spiegelt demnach die
Beliebigkeit seiner grundsätzlichen Einstellung gegenüber dem

Produkt oder der Tätigkeit wider – Aufmerksamkeit und Sorgfalt jedoch ein Gefühl des Stolzes.

Der Vorgang der Gestaltung ist hiermit allerdings nicht vollständig erklärt, denn die aktive und bewusste Auseinandersetzung mit einem Thema, der Versuch, seine Komplexität zu verstehen, führt zu weiteren Prozessen und Einsichten. Er erlaubt uns nicht nur unmittelbare Zusammenhänge zu erkennen, wie zum Beispiel dem Verhältnis von Farben, die harmonische Wirkung einer bestimmten Notenabfolge oder das Verstehen typografischer Hierarchien, also spezifischem Wissen, sondern dient vielmehr auch als Werkzeug zur generellen Bewusstseinsschaffung. Anhand der praktischen, der gestaltenden und formgebenden Auseinandersetzung wird eine grundsätzliche und lebensintensivierende Sensibilität zur Problemerkennung und -lösung erlernt. Wir sollten uns als Gestalter der Motivationen, Methoden und Prozesse bewusst sein, die unserem Tun zu Grunde liegen, diese definieren und verfeinern und sie uns durch die zur Verfügung stehenden Werkzeuge des kritischen Denkens aneignen. Denn schließlich sind es derartige Erkenntnisse, die uns erlauben, aus spezifischen Situationen abstraktes Wissen abzuleiten, das uns Bewusstseinserweiterung aus unserer täglichen Arbeit ermöglicht und uns letztlich nicht auf die unkreative und fließbandähnliche Produktion von Dingen limitiert.

Die Ausbildung zum Gestalter, ob unter Aufsicht oder durch die Praxis, bietet ideale Rahmenbedingungen, um sich mit sich selbst, also dem Bewusstsein, auseinanderzusetzen. Als Gestalter lernen wir häufig aus vorliegenden, praktischen Problemstellungen, und weniger von abstrakt erlerntem, theoretischem Wissen. In unserer zunehmend akademisierten Gesellschaft wird das oftmals übergangen und zeigt sich in zahlenmäßig ansteigenden theoretischen, universitären Kursen und dem Verschwinden ursprünglich handwerklicher Ausbildung. Der Unterschied beider Ansätze ist offensichtlich. Anhand von Theorie und Praxis lassen sich verschiedene Ergebnisse erzielen: einerseits rationales Verstehen und andererseits verinnerlichtes Wissen. Als Beispiel will mir hier das Bügeleisen dienen, welches so manchen unter uns an eine schmerzhafte

Abbildung 7

Kindheitserfahrung erinnert. Folgen wir hier der Theorie, ist es sicherlich interessant, in einem Buch zu lesen, was passiert, wenn man auf die untere Seite eines heißen Bügeleisens greift. Der praktische Erfahrungswert derselben Situation ist wohl trotzdem wesentlich eindrücklicher. Unbestreitbar ist diese Erkenntnis lebendiger und direkter und wird, durch blitzschnelle unbewusste Synthese, auch zu genereller Vorsicht in ähnlichen Situationen führen.

Ein wichtiger Bereich in der Ausbildung des Gestalters ist deshalb, durch permanente praktische Auseinandersetzung Erfahrungen zu ermöglichen, diese herauszufordern und zu fördern, zu experimentieren und Wissen und Vorgänge zu verinnerlichen. Es geht hier um aktive Erfahrungs- und Bewusstseinsprovokation, eine Schärfung der Sinne, zu welcher dem Gestalter verschiedenste Medien als Werkzeuge zur Verfügung stehen. Die Wahl des bestgeeigneten Mediums stellt uns vor eine Fülle von Variablen, die projekt- und motivspezifisch abzuhandeln sind. Die Fotografie zum Beispiel bietet sich zur Realitätsabbildung an. Es findet jedoch nicht die Wirklichkeit ihr Ebenbild im Foto, sondern eine edierte, konstruierte oder auch gestaltete Version. Der Fotograf erkennt vor der Aufnahme leicht übersehbare Details. Er stellt sich Fragen des Materials, der Wahl des Ausschnitts, der Relevanz der Elemente, des historischen Kontexts und möglicher Referenzen des Mediums, des Motivs und der Disziplin, Fragen der Komposition, der Belichtungszeit etc. Die Beantwortung dieser Fragen im Vorfeld zum eigentlichen Abdrücken stellt die Kontextualisierung dar, die im Wechselspiel zu schon gemachten Erfahrungen und dem gerade Vorhandenen steht. Dem Architekt stellen sich ähnliche Fragen und in anderen Situationen ebenso dem Musiker, dem Dichter und dem Typografen.

Als offensichtlichste Werkzeuge will ich allerdings Stift und Papier hervorheben.[Abb.7] Diese Kombination scheint mir eine der einfachsten und direktesten Möglichkeiten zur darstellenden Selbsterforschung. Der Stift arbeitet nicht nur als Instrument der Strichführung, zur Abbildung von gedachten und erfahrbaren Wirklichkeiten, sondern auch als Seismograf des Körpers. Bedingt durch sein Gewicht und seine Handlichkeit manifestiert

er eine Linie, abhängig von der physischen und psychischen
Beschaffenheit seines Urhebers. Die Strichstärke, -dichte
und -führung, die Dynamik der Komposition unterrichtet über
Kraft und Kontrolle, über Disziplin und Gefühl. Das Papier
wiederum leistet dem Schreibinstrument, abhängig von dessen
Körnung, Gewicht und Volumen, den entsprechenden Wider-
stand. Das Zeichnen als Reflexion, die Zeichnung als Spiegel des
Zeichners beziehungsweise als konstruierte und übertragene
Identität, erlaubt uns also weit mehr als bloß die Auseinandersetzung mit einem Motiv und seiner Darstellung. Weshalb ist
dies auch für den Typografen wichtig, der sich doch mit vorgegebenen Zeichen begnügt? Beschäftigt nicht auch der Typograf
sich mit Strichstärke, -dichte und -führung, und versucht
nicht auch er mit der Gestaltung von visuellen Beziehungen,
Rhythmus und Dynamik, dem Produkt Persönlichkeit zu
verleihen? Seine Mittel sind zugegebenermaßen andere, die
Prinzipien allerdings die gleichen.

Eine wichtige Komponente in der Bewusstseinsbildung
ist *die Zeit* für Reflexion. Das Tempo, mit welchem der Ge-
staltungsprozess voranschreitet, spielt eine maßgebliche Rolle.
Die derzeit gängige Auffassung von ökonomisierter Zeit,
der Wunsch nach unmittelbaren Erfolgserlebnissen, ebenso
unmittelbarer Reaktion und Interaktivität und nach hoher
Geschwindigkeit, in welcher Erfahrungen und Reflexionen
idealerweise passieren sollten, sind des Gestalters Feind.
Das bekannte Sprichwort »Gut Ding braucht Weile« ist hier
nicht falsch am Platz, gibt es doch keine Abkürzung im
Bereich der Bewusstseinsbildung und dementsprechend auch
nicht in der Typografie. Man kann sich durchaus intensiver,
effizienter mit einer Sache beschäftigen – aber genau wie im
Sport und in der Musik sind in der Gestaltung Disziplin,
Regelmäßigkeit, Ausdauer, aber auch Pause, Erholung und
Reflexion notwendig. Auch wenn es manchmal den Anschein
hat, manche Menschen seien durch pures Talent bevorzugt,
ist das Gestalten immer ein Weg des Lernens und Begreifens.
Genau deshalb wird es dem erfahrenen Typografen leichter
fallen, einen Text zu überfliegen, um typografische Probleme
zu lokalisieren und zu beheben. Es wird ihm auch leichter

fallen, Situationen schneller zu beurteilen und »intuitiv« zu
Lösungsansätzen zu gelangen. Dies, da Erfahrung und
verinnerlichtes Wissen seine Augen trainiert haben und seine
Methode entsprechend verfeinert ist.

Es ist offensichtlich, dass unsere derzeitige Gesellschafts-
entwicklung das Ihre dazu beiträgt, uns wahrlich bewegende
Erfahrungen vorzuenthalten, uns Zeit für Reflexion zu nehmen
und durch ständige Berieselung mundtot zu machen. Im Gegen-
satz zum Fernsehen und der sinn- und wahllosen Bedienung
des Internets, verlangt Gestaltung aktives und vorrausschauen-
des Verhalten, es strengt an, braucht Training und Zeit, führt
letztendlich aber zu fundamentalen Fragestellungen und Erfahrungen. Zurzeit scheint vieles dagegen zu arbeiten, und es
fällt dem Menschen schwer, sich aus der vorherrschenden Entwicklung zu ziehen und seine eigenen Erfahrungen zu provo-
zieren. Als Gesellschaft bewegen wir uns einfach nicht langsam
genug, übersehen Möglichkeiten und Bedeutungen und betrachten unser Leben von zu wenigen und meist nur subjektiven,
oder gar von schon mundgerecht vorgefertigten Standpunkten.
So entledigen wir uns unserer Verantwortung, einer Verantwortung, die wir mit unseren Mitmenschen teilen.

Verantwortung, wie schon im Wortstamm ersichtlich, ist dem
Antworten nicht fern; mit dem *Beantworten* von Fragen, die sich
möglicherweise auf das Handeln, einen Prozess beziehungsweise eine Entscheidungsfindung beziehen. Obwohl in unserem
Sprachverständnis oft impliziert, darf Verantwortung nicht
unmittelbar mit Schuld in Verbindung gebracht werden.

Wo entsteht Verantwortung? Wie eignet man sich Verantwortung an oder wie wird sie ein Teil meiner Aktion? Verantwortung ist eine Nebenerscheinung des Wissens beziehungsweise des Bewusstseinsgrads. Ein umsichtig lebender Mensch
wird sich der Implikationen seines Handelns bewusst sein.
Hieraus folgt auch automatisch ein anderer, höherer Grad der
Verantwortung.

Sobald ich mich in einem gewissen Bereich betätige,
übernehme ich Verantwortung. Ob ich mir dieser bewusst bin,
sie als vernachlässigbar wähne, sie ernst nehme und verfolge,

unter ihrer Bürde leide, sie genieße und ausbauen will, ist eine andere Sache. Verantwortung ist ein Teil unseres Umfelds und kann also, entgegen dem allgemeinen Verständnis, nicht einfach angenommen oder abgelehnt werden. Im Laufe seiner Entwicklung und meistens mit dem Erreichen eines gewissen Selbstbewusstseins, übernimmt der Mensch (vielen Säugetieren ähnlich) natürlicherweise sich selbst gegenüber Verantwortung. Er muss für sich sorgen, um zu überleben. Schon bald begreift man aber, dass man als sozial eingestelltes Wesen nicht nur für sich selbst verantwortlich ist, sondern gleichzeitig für seine Mitmenschen Verantwortung trägt. Letzteres kann ich versuchen zu ignorieren, es wird mir jedoch schnell bewusst werden, wenn mir gegenüber gleich verfahren wird. Es ist also natürlich, sich verantwortlich zu fühlen. Und für manche ist es auch normal, diese Verantwortung zu übernehmen und auszubauen. Und es ist ebenso natürlich, wenn dies der Gestalter tut, wenn er ein Projekt übernimmt, letztendlich wird er auch hierfür aufgesucht.

Wenn die Entscheidung, ein Produkt zu gestalten, gefallen ist, dann ergibt sich – aufbauend auf der soeben eingeführten generellen sozialen Verantwortung – auch die spezielle Verantwortung des Gestalters. Diese teilt sich vornehmlich in vier Unterbereiche auf: die Verantwortung gegenüber Kunden, gegenüber der Zielgruppe, gegenüber der Profession und dem Metier sowie die Verantwortung sich selbst gegenüber. In nahezu keiner beruflichen Situation wird es zu einer hundertprozentigen Deckung aller dieser Bereiche kommen. Mit großer Wahrscheinlichkeit werden zeitliche Rahmenbedingungen einer aufwendigen Produktion im Wege stehen, oder die Ansichten des Kunden nicht denen der Zielgruppe entsprechen. Der Auftraggeber wird Zweifel an den Produktvorstellungen des Gestalters anmelden und der Gestalter sich nicht unter seinem Wert verkaufen wollen. Aufgrund dieser nicht deckungsgleichen Vorstellungen kann die gestalterische Verantwortung nicht in absolute Werte wie etwa verantwortungsvoll und verantwortungslos eingeteilt werden. Stattdessen ergibt sich vielmehr ein subjektives Abwägen, ein Balancieren von Werten, die sich zudem in ständiger Neugewichtung befinden. Mit jedem Projekt werden solche Werte wiederum neu definiert, und sie

werden letztlich die berufliche Entwicklung und das Gesamtwerk eines Gestalters ausmachen. Solche Wertdynamiken
sind zu großem Maße mental-psychologischer Natur, verändern
sich mit dem menschlichen und professionellen Lernen
und der Erfahrung einer Person und finden auch in der verwendeten Formensprache ihren Ausdruck. Vergleichen wir die
Arbeiten und Thesen von Grafikern in ihren jungen und späteren,
gesetzteren Jahren, sehen wir doch oft eine frühe »Sturm
und Drang«-Phase. Ein kurzer prüfender Blick zurück auf seine
eigenen Arbeiten wirkt oft Wunder und lässt so manche
einst »richtige«, weil eben verantwortungsvolle, Entscheidung in
anderem Licht erscheinen.

Gestaltung

Der Gestalter definiert und produziert. Er definiert zeitliche
Abfolgen, Flächen und Räume und beeinflusst und kontrolliert
damit das Nichtdefinierte. Positiv und Negativ, das eine kann
offensichtlich nicht ohne das andere existieren. Der Gestalter
inspiriert aber auch Gedanken, seine eigenen und die der
Empfänger seiner Nachrichten.

»Schwarz« steht für die absolute Abwesenheit von Licht.
Da wir die Welt an sich im Licht sehen, stellt das Schwarze den
stärksten Kontrast zum täglich Sichtbaren dar. In der Typografie schafft es den größtmöglichen Kontrast zum weißen Papier
und entspricht einer offensichtlichen Gestaltungsentscheidung.

Wenn ich hier von »Schwarzraum« spreche, so beziehe
ich mich nicht nur auf die wörtliche Bedeutung, d.h. auf ausschließlich »Schwarzes«, sondern grundsätzlich auf das vom
Gestalter Definierte. Dies ist im Zusammenhang dieses Buches
natürlich der Raum der Buchstaben, aber im Weiteren auch
der Strich, die Mauer, das Foto, die bedruckte Fläche, der Ton
etc. Ich könnte ja auch mit weißer Farbe auf schwarzem Hinter-
grund arbeiten beziehungsweise auf farbigem. Schwarzraum
kann in diesem Kontext also sowohl in seiner wörtlichen Bedeutung verstanden werden, als auch symbolisch, repräsentativ
für das Definierte stehen.

Als angehende Gestalter sind wir uns wahrscheinlich
schnell des Schwarzraumes bewusst. Er verlangt uns die meiste
Energie ab. Wir konzentrieren uns auf ihn und verlieren uns
in ihm. Wie bekannt, ist es nur allzu leicht, den Wald vor lauter
Bäumen nicht mehr zu sehen und nicht selten bedarf es
bewusst erzeugter Distanz, um sich neu orientieren zu können
und sein eigenes Schaffen zu begreifen. Wir bedienen uns
des Schwarzraumes, weil er es uns ermöglicht, Gedanken und
Inhalte in Formen und demnach auch Bedeutung umzuwan-
deln. Mit Schwarzraum erzeugen wir Beziehungen, die direkte
und indirekte menschliche Bedeutungen wie zum Beispiel
Gefühlszustände und unbewusste Assoziationen, aber auch
größere soziale Phänomene zum Ausdruck bringen können.
Dichte und Leere, Isolation und Gemeinschaft, Gleichstellung

Abbildung 8

oder Dominanz, Leichtigkeit und Bürde, Weite und Enge, Klein-
lichkeit und Großzügigkeit, Protest und Gleichförmigkeit,
Selbstbewusstsein und Unterwerfung, Hierarchie und Aufruhr,
Ordnung und Chaos, Einfachheit und Komplexität.

Doch schon bevor der Gestalter eine Form definiert, die
das Schwarz beinhaltet, verdient die Farbe selbst nähere
Betrachtung, denn bereits ohne formale Grenzen und Definition
kommt dem Schwarz Bedeutung zu. Obwohl es oberflächlich
eine einzige Aussage innehat (eben die Abwesenheit von Licht),
steht Schwarz immer auch im Verhältnis zu anderen Schwarz-
tönen; auch das Schwarz unterliegt den Kriterien des *relativen
Lesens.*[Abb.8] Zusätzlich wird ein Betrachter der Farbe Schwarz
gemäß seiner Kultur oder seines Umfelds Bedeutung zuweisen,
und neben diesen kollektiven wird er auch individuelle Erfahrungen gemacht haben, die ihn diese Farbe entsprechend
deuten lassen. Für den Gestalter ist es wichtig, sich dieser
Komplexität bewusst zu sein, denn schon bei der einfachsten
Entscheidung stellt er sich eben dieser Bedeutungsvielfalt.
Jede weitere Entscheidung während des Gestaltungsprozesses
führt zu weiterer Komplexität, welche er durch vorsichtiges
Abwägen der einzelnen Elemente zu einer Nachricht zusam-
menführen muss. Während er die zu schaffende Nachricht
genauer definiert, reflektiert der Gestalter die diversen möglichen Bedeutungen. Wenn er erschafft und selektiert, dann
geschieht dies oft unbewusst, idealerweise mit großer Sorgfalt.

Der Schwarzraum ist allerdings nur eine Komponente der Gestaltung, denn er wird vom nichtdefinierten Raum, dem Weißraum umfasst, eingebettet und definiert. In seinem Text *Der
Raum des Buches* zitiert Walter Nikkels Jan Tschichold. Letzterer
hatte der früher gängigen Äußerung widersprochen, dass der
Weißraum in der Typografie atmosphärischer Natur sei und
definierte ihn vielmehr als architektonischen Raum. Tschichold
hatte bei den herrschenden Gestaltungsansätzen in der Architektur und denen der Typografie Parallelen entdeckt und doku-
mentiert. Später verglich er unter anderem die Typografie
der frühesten Kodizes mit der Fassadengestaltung der gleichen
Zeit. Dieser Interpretationsansatz ist insofern interessant, da

Abbildung 9

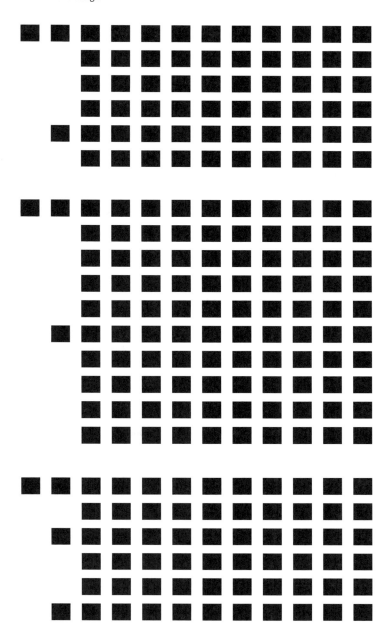

die Architektur eines Buches mit der eines Gebäudes verglichen wird. Dieser Auffassung folgend kann man einen Schritt weiter gehen und den Weißraum auch einer semiotischen Betrachtung unterziehen. Denn in der Typografie wie auch in der Architektur schafft die Komposition aus verbautem (Wand, Dach etc.) und umbautem Platz (Raum, Freiraum) den *Sinn*.

Als Besucher oder Bewohner eines Raumes bin ich Teil von ihm. Ich bin ein Teil der Leere, des Nichtgestalteten, des Weißraums. Ich bewege mich im Raum, ich erfahre und interpretiere diesen; natürlich beeinflusst von der Materialität der Hülle, ihrer Transparenz und des Lichts. Der Freiraum ist allerdings nicht »frei«, sondern bildet den Abstand oder die Nähe. Er definiert die Beziehungen zwischen den Elementen und auch zwischen den Elementen und dem Betrachter. Die monumentalen Portale mancher Kathedralen lassen auf Übermenschliches, auf etwas Göttliches schließen und erzeugen im Betrachter das Gefühl der Bewunderung, aber auch der Minderwertigkeit. Die Bedeutung des typografischen Freiraums ist der des architektonischen sehr ähnlich; auch in der Typografie ist es der Weißraum, der strukturiert und inspiriert und somit zum aktiv verwendeten Gestaltungselement wird. In der Typografie gibt es eine Vielzahl von Weißräumen, Abständen, Leerräumen und Pausen, die alle ihre eigene Bedeutung haben und gewisse Deutungen erlauben. Gerrit Noordzij schrieb über die »Erfindung« des Abstands zwischen Worten und seine Relevanz für die Lesbarkeit eines Textes. Weißräume wie der Durchschuss zwischen Zeilen von Text, Abstände von Überschriften zu den zu ihnen gehörenden Paragraphen, gesperrte Versalien, all dies birgt Beziehungen und Bedeutungen.

Weißraum ist also alles andere als Leerraum, sondern funktioniert als Bereich »dazwischen«, als trennendes und verbindendes, also ordnungschaffendes Element. Man kann ihn mit der Pause in der Sprache vergleichen, denn auch diese dient einem ähnlichen Zeck: der Strukturierung der Information.[Abb.9] Jedermann, der einer guten Ansprache beiwohnte und aufmerksam hingehört hat, wird dies bestätigen können. Der grafische Gestalter beschäftigt sich mit dem Weißraum ebenso pragmatisch und bedacht wie mit dem Schwarzraum.

Schwarzraum und Weißraum stellen die Grundvariablen der Gestaltung dar und bilden die im rhythmischen Wechselspiel stehenden visuellen Elemente. Obwohl Rhythmus eines der Grundprinzipien in der Gestaltung ist, ist er kein ausschließlich menschengemachtes Phänomen, sondern erhält seine Bedeutung durch die Rhythmen der Natur. Die mächtigsten dieser Rhythmen bestimmten und bestimmen unsere Entwicklung und unser Leben. Das Wechselspiel von Tag und Nacht – also Hell und Dunkel –, die Jahreszeiten oder die sich abwechselnden Gezeiten sind allesamt Bedingungen, denen wir uns als Menschen nicht angepasst haben, sondern solche aus und mit welchen wir entstanden sind. Rhythmen lassen sich auch in der menschlichen Beschaffenheit und Entwicklung beobachten. Noch vor der Geburt werden wir durch den Herzschlag unserer Mutter rhythmisiert. Veränderungen unseres Gemütszustands und unseres körperlichen Befindens werden in der Veränderung dieses Rhythmus reflektiert. Als weitere Beispiele könnte man die Atmung nennen, die Abwechslung zwischen Nahrungsaufnahme und -verwertung (bis hin zum Hunger und wiederum zu der Aufnahme), dem Rhythmus der Fortbewegung, wie zum Beispiel des Gehens, bis hin zu den offensichtlicheren kulturellen und ebenfalls höchst einflussreichen Rhythmen wie zum Beispiel denen der Musik.

Rhythmen können gleichmäßige Intervalle oder aber komplex voneinander abhängige Muster sein. Die Natur hat den Menschen mit seinen Sinnen ausgestattet, die es ihm erlauben Rhythmen und Muster zu erkennen. Er verfolgt gewisse wiederkehrende Prozesse oder Konstellationen und schließt daraus auf etwas Kommendes. Wird diese Schlussfolgerung – diese Hypothese – bestätigt, wurde der Rhythmus erkannt. Beim Lesen eines Rhythmus basiert also viel auf Erwartung; man vermutet oder weiß dass etwas passieren wird. Unsere Erwartungshaltung, unsere Hypothese trägt insofern Relevanz, da sie uns in gewisser Weise handeln lässt. Wir *wissen*, dass morgen die Sonne aufgeht, also erlauben wir uns, für den folgenden Tag etwas zu planen. Wir wissen allerdings auch, dass zuerst die Nacht kommt und uns deshalb Zeit zum Ausruhen zur Verfügung steht. Der Tag und die Nacht schaffen also

Abbildung 10

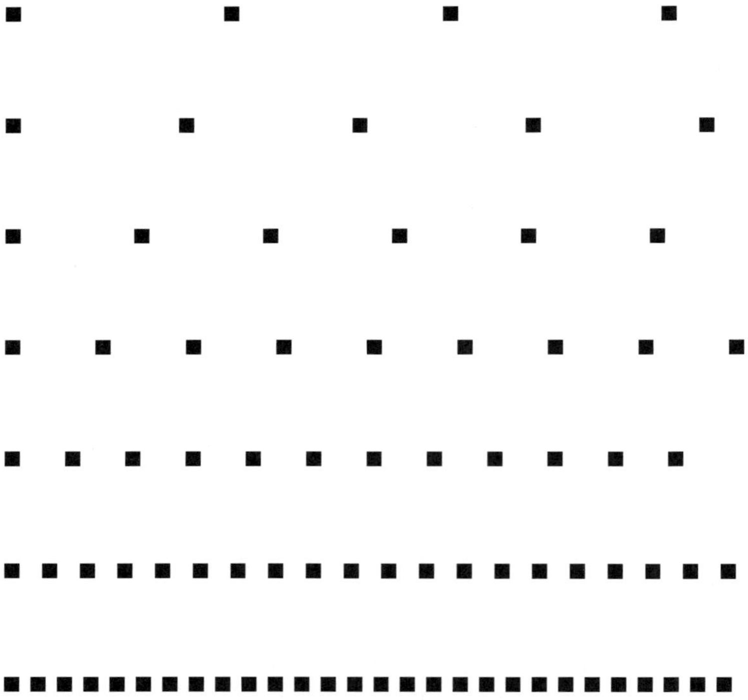

eine gewisse Regelmäßigkeit, einen *Sollwert* der Intervalle, der uns als *normal* erscheint. Fliege ich in eine andere Zeitzone, verändere ich meinen täglichen Rhythmus und bekomme dies physisch und psychisch zu spüren. Untersuche ich meinen körperlichen Rhythmus, Atmung und Herzschlag, dann kann ich auch hier einen Sollwert feststellen. Dieser verändert sich nach Alter, Statur, Gemütszustand und weiteren Umständen. Bin ich aufgeregt, werden der Rhythmus meiner Atmung und mein Herzschlag entsprechend schneller, die Intervalle kürzer, mehr Energie wird investiert oder verbraucht. Dichte steht in diesem Muster also für Aufregung, Energie und Dynamik.[Abb.10]

Sehen wir uns typografische Gestaltung an, scheint eine ähnliche Beobachtung auch hier keinesfalls abwegig zu sein. In der Buchtypografie werden im Mikro- wie im Makrobereich Sollwerte bestimmt. So kann ich zum Beispiel mit der Seiteneinteilung eines Buches einen Basisrhythmus schaffen, der darüber hinaus mit der für den Text verwendeten Typografie in einem stimmigen Verhältnis stehen muss. Auf einer weiteren Ebene läuft eine Schriftart aufgrund ihrer individuellen Gestaltung mit einer bestimmten Regelmäßigkeit, einem Rhythmus. Dieser Rhythmus wird bereits vom Schriftgestalter vorgeschlagen. Als Typograf sollte ich diesen gemäß der projektspezifischen Bedürfnisse verändern. Wird eine große Schrift für ein aus der Nähe zu lesendes Produkt verwendet, werde ich den Lauf durch die Verringerung des Abstands zwischen den Buchstaben beschleunigen. Umgekehrt werde ich mehr Platz für die einzelnen Buchstaben schaffen, sollte eine Textschrift in kleiner Größe Verwendung finden. Diese und ähnliche Entscheidungen sind zum einen Teil durch technische Bedingungen beeinflusst, wie zum Beispiel die gewählte Drucktechnik, die Papierbeschaffenheit oder finanzielle Einschränkungen oder aber sie sind selbst auferlegt. Letzteres geschieht zum Beispiel durch gewisse Vorlieben des Gestalters für minimalistische oder direkte Kommunikation, durch bewusst gewählte geschichtliche Referenzen, oder gar eine ergänzende Idee, welche der Formgebung zugrunde liegt. Als Gestalter kann ich mich entschließen, den Rhythmus innerhalb einer Zeile oder eines Textes enger, also dichter, vielleicht sogar »gespannter« oder »aufgeregter« zu

setzen, aber auch weitläufiger und entspannter. Alle diese
Rahmenbedingungen werden einen bestimmten Rhythmus bilden und dementsprechende Bedeutungen kommunizieren.[Abb.11]
Durch enge Abstände zum Formatrand kann ich im Dokument
mehr »Druck« erzeugen, oder eben Freiheit und Großzügigkeit.
Die Größe der Type im Verhältnis zur Distanz zum Leser
beeinflusst ebenfalls den Tonfall der Nachricht. Durch meine
gestalterischen Entscheidungen etabliere ich alsbald den schon
erwähnten *Sollwert*, also eine Regelmäßigkeit, einen Basisrhythmus, der den Leser auf die kommenden Seiten einstimmt.
Weitere Rhythmen entstehen durch die mögliche und anzu-
nehmende Verwendung von weiteren Schriftgraden oder -arten,
um unterschiedlichen Text – Überschriften oder Bildlegenden –
auch als solchen erkennbar zu machen. Diese Hierarchien
müssen nicht nur in sich selbst rhythmisch sein, sondern auch
mit den schon etablierten Takten harmonieren. In diesem
Sinne kann der auf Seite 15 erwähnte Vergleich zu einem musi-
kalischen Werk wieder aufgenommen werden.

Es ist also wichtig, sich der Abhängigkeiten der Rhythmen
bewusst zu sein und durch Verlangsamung und Beschleunigung,
Betonung, Synkopierung, Konstanz und Abweichungen den
Leser zu führen und ihm so durch eine gut gestaltete Abfolge den
Inhalt näher zu bringen.

Abbildung 11

If in this book harsh words are spoken about some of the greatest among the intellectual leaders of mankind, my motive is not, I hope, the wish to belittle them. It springs rather from my conviction that, if our civilization is to survive, we much break with the habit of deference to great men. Great men may make great mistakes; and as the book tries to show, some of the greatest leaders of the past supported the perennial attack on freedom and reason. Their influence, too rarely challenged, continues to mislead those on whose defence civilization depends, and to divide them. The responsibility of this tragic and possibly fatal division becomes ours if we hesitate to be outspoken in our criticism of what admittedly is a part of our intellectual heritage. By reluctance to criticize some of it, we may help to destroy it all.*

If in this book harsh words are spoken about some of the greatest among the intellectual leaders of mankind, my motive is not, I hope, the wish to belittle them. It springs rather from my conviction that, if our civilization is to survive, we much break with the habit of deference to great men. Great men may make great mistakes; and as the book tries to show, some of the greatest leaders of the past supported the perennial attack on freedom and reason. Their influence, too rarely challenged, continues to mislead those on whose defence civilization depends, and to divide them.*

*   Aus Karl R. Poppers *The Open Society and Its Enemies*, Routledge, 1945

Die Aufgaben der Typografie

Während der Blütezeit des Modernismus war man der Ansicht, dass der strukturierende Zugang bei der Gestaltung im Vordergrund stehen sollte und Ordnung das oberste Gestaltungsprinzip zu sein habe. Der Gestalter Wim Crouwel zum Beispiel spricht in Gary Hustwits Dokumentation *Helvetica* von seinem Verlangen nach typografischer Neutralität und von der Typografie als Ordnung schaffendes Instrument. Für die Generation der Zwischen- und Nachkriegszeit ist das kollektive Bedürfnis nach Ordnung und Struktur nachvollziehbar und eventuell als erster Schritt zu einem geregelten und friedlichen Zusammenleben zu sehen. Ich erlaube mir, Crouwels Gedanken weiterzuführen und zu behaupten, dass Typografie nicht nur Ordnung, sondern auch eine neue Ordnung schaffen kann und überdies auch sollte.*

Ich betrachte gestalterische Ordnung nicht als die funktionstechnische Ausrichtung der zu kommunizierenden Information, sondern als die individuelle Abstimmung zwischen den funktionellen und den gestalterischen Elementen jeder einzelnen Nachricht. Es gilt weder »form follows function«** noch »form follows content«, sondern »Form ist Funktion« und »Form ist Bedeutung«.

Der Architekt gestaltet mit seinen Mitteln sowohl die Funktion als auch die Erfahrung. Ein gut gestaltetes Opernhaus wird nicht nur den Ansprüchen der Musik zu genügen haben, sondern auch den historischen, architektonischen, zielgruppenbedingten, monetären, gesellschaftlichen sowie gestalterischen und interpretativen Bedürfnissen. Die vom Architekten geschaffenen Räume erlauben es dem Besucher, Erfahrungen zu machen. Ein gut »gebautes« Buch entspricht navigationstech-

---

*   Dies trifft wahrscheinlich zu einem großen Teil auch auf Crouwels eigene Arbeiten zu, die nicht nur durch Klarheit glänzen, sondern durch offenes und oft spielerisches, gestalterisches Feingefühl.

** »Form follows function« ist ein Satz des Architekten Louis Henry Sullivan, aus dem Jahre 1896. Leider wird seine Aussage oft mit den Prinzipien von Adolf Loos gleichgesetzt, was unter Beachtung des restlichen Inhalts seines Textes allerdings nicht korrekt ist.

nischen, ergonomischen, inhaltlich-funktionalen, gestalterischen und interpretativen Prinzipien und schafft es oft noch
zusätzlich, Gedanken und Reaktionen zu stimulieren. All diese
Funktionen und Reize wägt der Gestalter nach den ihm richtig
erscheinenden Kriterien ab. Er wird zum Teil seiner Gestaltung, zum Teil seines Projekts. Der soeben zitierte Louis Henry
Sullivan machte in einem 1924 veröffentlichten Text eine
weitere, vielleicht viel wichtigere Aussage: »As you are, so are
your buildings.« Die persönlichen Qualitäten des Gestalters
und die seiner Werke werden hier in unmittelbare Beziehung
gebracht. Der Gestalter identifiziert sich mit seinem Tun und
seinem Werk und manifestiert sich durch letzteres, zeitlich und
räumlich ungebunden, als Teil der Gesellschaft.

Wie in den oben stehenden Paragraphen nähergebracht,
unterliegt die Gestaltung, und somit auch die Typografie, zu
einem hohen Grad den Regeln der Natur und unserem genetisch
bedingten Drang, Hypothesen zu erstellen. In der Hirnforschung
gilt es derzeit als erwiesen, dass das menschliche Leben nicht
durch Reaktion auf seine Umwelt funktioniert, sondern dass es
sich in permanenter Hypothesenbildung und daraus folgender
Bestätigung und Widerlegung weiterentwickelt. Als Menschen
denken wir »Was wäre, wenn?«, und ebenso sollten wir als
Gestalter agieren. Mit jedem Projekt manifestieren wir Theorien,
Argumente und erwarten deren kritische Analyse und Synthese
innerhalb der Gesellschaft. Es ist die Aufgabe der Gestaltung,
und somit auch der Typografie, vorauszudenken, mögliche Wege
vorzuzeigen und zu sensibilisieren, Fragen zu stellen und zur
Inspiration zu verhelfen.

Der Typograf nimmt den Leser auf eine von ihm gestaltete
Reise durch eine Landschaft der Gedanken. Durch Gestaltung
führt er ihn, schlägt gewisse Wege vor und vergewissert sich,
dass die Vorraussetzungen für eine bemerkenswerte Erfahrung
geschaffen sind. Dann aber überlässt er den Leser sich selbst,
zieht sich zurück und beobachtet, wie er sich mit der neuen
Erfahrung auseinandersetzt. Er reflektiert und lernt; lernt über
den Inhalt, lernt über den Leser, über sein Werk und über sich.

Schwarz auf weiß – Ein Nachwort von Roland Früh

Manche Gestalter wollen verstehen, was sie machen, und
geben sich nicht zufrieden, nur schöne Dinge zu gestalten und
diese in aller Übereinstimmung und Genügsamkeit der Welt
zu überlassen. Paulus M. Dreibholz ist einer von dieser Sorte.
Einer der eher komplizierten, die Fragen stellen und auch Antworten geben. Seine Neugier und Hartnäckigkeit verhilft ihm
dazu, hinter den Aufgaben, selbstgestellten und durch Kunden
vorgegebenen, einen Sinn zu finden und diesen mit Typografie
zu vermitteln. Seit längerem hat er Fragmente aufgeschrieben
und Notizen gesammelt. Er schreibt, um seine Arbeit zu verstehen – und seine analytische Herangehensweise hilft uns, seine
Schritte nachzuvollziehen. Nach gemeinsamem Auswählen,
Editieren und Verwerfen der Fragmente entstand dieses Plädoyer. Und wie in den Texten selbst, ging es schon bei der Auswahl
nicht um richtig oder falsch, sondern um die Relevanz grund-
legender Eigenschaften. Im Buch werden die Eigenschaften der
Typografie besprochen: Bedeutung des Lesens, Weißraum,
Schwarzraum, Rhythmus. Durch die Beobachtung von Details
entsteht so nicht eine dogmatische Regelsammlung, sondern
die Beschreibung einer Haltung, die das Gesamthafte, die Aufgabe und Verantwortung des Gestalters hervorhebt, seine
Rolle aber nicht heroisiert. Eine Gestaltung mit Text ist nie als
Geniestreich für alle perfekt lösbar. Aber durch umsichtiges
Gestalten, mit Verständnis für die Aufgabe, wird Typografie an
Klarheit gewinnen.
　　Oft bezeichnen wir deutlich Geschriebenes als »schwarz
auf weiß«. Nach der Lektüre von Paulus Dreibholz' Texten hat
diese Floskel etwas an Bedeutung eingebüsst. Weiß um schwarz,
weiß zwischen schwarz, schwarz um weiß – und zig weitere
Variationen gehören ebenfalls zum »schwarz auf weiß« der
Typografie. Und genauso, wie der Ausdruck der Typografie von
Details bestimmt wird, beeinflusst die im Detail gelöste Typo-
grafie wiederum unser Weltverständnis und unser Handeln.

Leseliste:

Derek Birdsall, *Notes on Book Design*, Yale University Press, 2004

Robert Bringhurst, *The Elements of Typographic Style*, Hartley &
    Marks Inc.,1993

Robert Bringhurst, *The Tree of Meaning*, Counterpoint, 2007

Richard Buckminster Fuller, *Critical Path*, St. Martins Press, 1981

Erich Fromm, *Haben oder Sein*, dtv, 1998

Jost Hochuli, *Designing Books: Practice and Theory*,
    Hyphen Press, 1996

Jost Hochuli, *Das Detail in der Typografie*, Niggli Verlag, 2005

Gary Hustwit, *Helvetica: A Documentary Film*, Swiss Dots
    in association with Veer, 2007

David Jury, *Typographic Writing*, International Society of
    Typographic Designers, 2001

Adolf Loos, *Ornament und Verbrechen*, Prachner Verlag, 2000

Josef Müller-Brockmann, *Grid Systems / Rastersysteme*,
    Niggli Verlag, 1996

Walter Nikkels, *Der Raum des Buches*, Art Data, 1998

Gerrit Noordzij, *Letterletter*, Hartley & Marks Inc., 2001

Gerrit Noordzij, *The Stroke. Theory of Writing,* Hyphen Press, 2007

Karl R. Popper, *Alles Leben ist Problemlösen*, Piper Verlag, 1994

Paul Renner, *Die Kunst der Typographie*, Maro-Verlag, 2003

Donald Schön, *The Reflective Practitioner. How Professionals Think
    in Action*, Ashgate, 1991

Richard Sennett, *Craftsmen*, Allen Lane, 2008

Wolf Singer, *Der Beobachter im Gehirn: Essays zur
    Gehirnforschung*, Suhrkamp Verlag, 2002

Fred Smeijers, *Counterpunch*, Hyphen Press, 1997

Margaret J. Snowling, Charles J. Hulme (Hg.), *The Science of
    Reading. A Handbook*, Wiley-Blackwell, 2007

Jan Tschichold, *Die Neue Typographie. Ein Handbuch für
    zeitgemäss Schaffende.* Verlag des Bildungsverbandes der
    Deutschen Buchdrucker, 1928; Neuauflage: Brinkmann
    und Bose, 1987

Gerard Unger, *While You're Reading*, Mark Batty Publisher, 2007

Daniel Berkeley Updike, *The Well Made Book*, Peterson William
    S. (Hg.), Mark Batty Publisher, 2002

Wolfgang Weingart, *My Way to Typography*, Lars Müller
    Publishers, 2000

Paulus M. Dreibholz ist in Graz, Österreich, geboren und aufgewachsen. Er studierte grafische Gestaltung am London College of Printing und am Central Saint Martins College of Art and Design in London, wo er nach Abschluss seines Studiums auch sein Atelier eröffnete. Seine Arbeiten bezeugen eine Vorliebe für typografische Gestaltung, welche sich in Büchern, Broschüren, Plakaten, visuellen Identitäten, Schriften und anderen Produkten manifestiert. Sie wurden mehrfach und international ausgezeichnet und waren in zahlreichen Austellungen vertreten. Neben seiner praktischen Arbeit unterrichtet Dreibholz am Central Saint Martins College of Art and Design und an der Universität für Angewandte Kunst Wien.

Der hier vorliegende Text wurde zwischen Frühjahr 2009 und Sommer 2010 von Paulus M. Dreibholz verfasst, mit sorgfältiger Hilfe von Roland Früh in zusammenhängende Prosa gebracht und mit Illustrationen versehen. Lektoriert und korrigiert von Karin Schneuwly und Gina Bucher und gesetzt in der Christoffel wurde er im Frühjahr 2011 bei Lecturis in Eindhoven unter dem Titel *Formen Lesen – Ein Plädoyer für bewusste Gestaltung* in einer Auflage von 500 Exemplaren in Buchform produziert.

Herausgegeben von
Gaffa Editions
111 Shacklewell Lane
London E8 2EB
United Kingdom
http://gaffadesign.com

ISBN: 978-0-9555220-8-6